Couvertures supérieure et inférieure manquantes.

La Vérité

aux

Habitants d'Estaires

———✧———

Imp. du Gust. Baroune, 10 et 12 Cour du Commerce. — Paris.

La Vérité
aux
Habitants d'Estaires.

Nous ne venons pas ici au nom de passions d'ordre religieux, politique, ou de parti quelconque; soulever de nouveaux débats autour d'une situation déjà assez envenimée; encore moins satisfaire à de vaines ambitions personnelles, le mobile qui nous inspire est placé plus haut, nous venons ici parler le langage de la justice et de la vérité, et c'est aux faits que nous donnerons la parole, persuadés que leur éloquence sera assez péremptoire pour rallier à notre opinion les consciences honnêtes, c'est-à-dire les habitants de la commune entière.

Au moment où des manifestations ont lieu, où l'on a recours au déploiement des solennités officielles, afin de jeter un voile sur un passé peu avouable et déguiser sous les pompes religieuses des actes et des opérations, qu'on sait ne pas être conformes à l'équité et à la légalité, nous croyons opportun, nous de choisir précisément ce jour-là pour donner plus d'éclat et de publicité au faisceau de vérités que nous avons en mains. Voilà le but de notre brochure.

Par ce court préambule, le lecteur devine sans peine, que nous voulons traiter la question de notre vieille église, les péripéties diverses qu'elle a subies et qui l'ont conduite à sa démolition totale, grâce aux pratiques inqualifiables du premier magistrat municipal et au grave préjudice porté aux intérêts de la commune. On va voir par l'exposé historique des faits que nous allons suivre pas à pas chronologiquement, comment l'initiative, les voies ambitieuses, personnelles, mystérieuses d'un homme lorsqu'il est mal inspiré, conseillé ou surveillé, peuvent compromettre les intérêts collectifs les plus précieux qui lui sont confiés et entraîner à la suite de ses projets ambitieux tout un groupe d'hommes considérables et considérés et finalement compromettre hommes et choses par ses calculs personnels. Si le mal est fait, irréparable, au moins est-il juste que la responsabilité toute entière incombe à qui de droit.

Vers la fin de l'année 1855, l'état de notre vieille église ayant sollicité l'attention de nos édiles, le neuf novembre de la dite année, le Conseil municipal d'Estaires fut saisi par le Maire d'une motion tendant à voter des subsides pour les <u>réparations indispensables</u> à faire à l'Église ; cette motion avait été provoquée par une lettre du président de la fabrique, dont lecture fut donnée au Conseil, et par laquelle on demandait à la commune de concourir à la <u>restauration</u> de l'Église. Le devis fourni à l'appui s'élevait à F.^{c} 42,337.69%, la fabrique s'engageait à concourir aux dépenses pour une somme de 23,000 fr., l'importance de cette proposition décida le Conseil municipal à nommer une commission chargée de l'examiner.

Dans la séance du 19 Novembre et sur l'avis de la commission, le Conseil approuva le devis des <u>réparations</u> ainsi que les dépenses évaluées à 42,337.^{c} 69%, seulement le Conseil prit soin de <u>déclarer formellement</u> qu'il ne voulait intervenir dans les dépenses que pour la somme de 10,000 francs, de son côté la fabrique s'engage par lettre, non moins formellement à ne pas recourir à la commune au delà de cette somme pour l'exécution du devis, c'est au département et au gouvernement qu'on demandera les subsides de 7,737 f. 63c formant le complément des 42,337 f. 63c jugés nécessaires pour les réparations. Ainsi, voilà qui est nettement établi dès le début, et c'est avec une intention caractérisée que nous soulignons plus haut certains mots et certains nombres de phrases, car l'on verra par la suite où l'on a été conduit ; il s'agissait d'attacher le grelot, et une fois ce premier pas fait, le doigt municipal était pris dans un engrenage mystérieusement conçu où le corps tout entier devait passer. Déjà d'ailleurs pour un esprit clairvoyant, il était aisé de voir, par la motion de déplacer le cimetière, faite par un membre dans la séance extraordinaire du 6 décembre 1855, les intentions percer, car on savait bien que le mauvais état du budget communal ne permettait pas ce déplacement spontanément mis en avant, mauvais état qui fit, au surplus, écarter la motion.

Suivons toujours les évènements par le procès-verbal des séances du Conseil municipal ; là est le meilleur guide en même temps que le plus sûr garant de la loyauté scrupuleuse de notre argumentation.

Séance du 24 Avril 1856, composée du Conseil et des plus hauts imposés.

La Fabrique s'engageant de la manière la plus formelle à ne pas avoir recours à la Caisse Municipale pour l'achèvement des Travaux, l'Assemblée adopte les plans et devis présentés par la fabrique et en notifie l'exécution, à la condition que la commune ne sera engagée que pour 12,000 francs sur les 42,337 f. 63c marqués sur le devis. Cette dépense sera couverte par des centimes additionnels.

Séance du 26 Juillet 1856.

Lecture d'une lettre du Sous-Préfet communiquant le rapport de l'architecte diocésain et annonçant de ne pas donner suite au projet. Il s'agit toujours de la restauration.

Pourquoi ce conseil ? Est-ce parce que cet honorable magistrat jugeait la chose impraticable dans les conditions où elle était présentée ? se flairait-il dans les arcanes du projet quelque anguille sous roche et voyait-il poindre dans un horizon prochain les difficultés budgétaires auxquelles se trouverait aux prises la Commune d'Estaires ? Nous ne voulons rien préjuger, mais il est certain que le rapport de l'architecte diocésain qu'on va lire n'était pas fait pour inspirer la confiance dans les meneurs de l'entreprise ; qu'on en juge :

Diocèse de Cambrai.

Rapport de l'Architecte diocésain :

Le projet présenté pour la restauration de l'Eglise de la ville d'Estaires offre diverses omissions dans le devis qui concerne la démolition des absides, la fondation des colonnes des arcades géminées du chœur, celle des colonnettes des piles dont la fondation entière devra être refaite d'une seule masse avec les colonnettes pour obtenir l'homogénéité désirable, les colonnettes des absides des chapelles et du chœur sont également oubliées.

La taille de la pierre de Soignies devrait être détaillée, telle qu'elle est comptée, c'est un véritable forfait ; il en est de même de la pierre blanche.

Les fenêtres avec meneaux sont comptées à la pièce. Il semble même qu'il y ait double emploi.

On compte d'abord le pourtour des fenêtres, puis on les estime à la pièce.

Les bas côtés n'ont pas la même largeur que la nef. Les formes de la charpente ne sauraient donc présenter le même cube, c'est cependant ce qui existe dans le devis.

La toiture, comme la charpente ne sont pas exactement estimées à leur surface réelle.

La vitrerie est prévue pour cinq chassis dans le chœur, lorsqu'il n'en existe en réalité que quatre.

Les frais devraient être détaillés et non portés en bloc.

Enfin on n'a pas estimé dans le devis, ni le carrelage, ni les marches du chœur et des chapelles, ni les enduits et les plafonds en menuiserie, tous ces ouvrages sont seulement mentionnés dans les clauses et conditions, mais nullement dans le devis estimatif.

La ville d'Estaires compte 6.863 habitants, elle ne peut donc être comprise parmi les communes les plus pauvres et les plus nécessiteuses du département ; car aux termes de la circulaire du 15 Novembre 1850 : ce sont les communes rurales qui ont plus particulièrement droit aux secours de l'État. « Celles des villes, outre les ressources municipales, offrent dans le nombre et l'aisance de leurs habitants, des ressources particulières qui suffisent en général.

Par ces motifs, nous estimons qu'il n'y a pas lieu d'accorder le secours demandé par la ville d'Estaires.

Cambrai, le 9 Juin 1856.

(Signé) de Baretle.

Pour Copie Conforme,

Le Secrétaire Général,

Grimaldi.

Pour Copie Conforme,

Le Sous-Préfet,

Leclercq.

L'Archevêque de Cambrai, sans adopter entièrement le dernier motif exprimé dans le rapport, estime qu'il y a lieu d'ajourner la demande faite par la ville d'Estaires.

Cambrai, 3 Juillet 1856, ont signé X..... archevêque.

Ainsi donc voilà un rapport où l'entreprise est critiquée dans les devis, qui conduit à des estimations plus précises et qui se termine par un refus du préfet, basé sur des règlements administratifs, d'accorder le subside demandé.

De son côté, l'Archevêque de Cambrai, sans adopter entièrement le dernier motif invoqué dans le rapport, estime qu'il y a lieu d'improuver la demande faite par la ville d'Estaires et il en fait part au Maire par une lettre en date de Cambrai le 3 Juillet 1856 signée de sa main.

Le Maire va-t-il se tenir pour battu ? Va-t-il tout au moins, réduire les proportions de son projet ? Nullement ; il est décidé d'arriver à ses fins envers et contre tous et il passera outre. En attendant, il plaide à nouveau sa cause auprès de l'archevêque et le sept Octobre 1856, il adresse au secrétaire de l'archevêché la lettre suivante avec adjonction de pièces qu'il prie de remettre à Monseigneur.

7 Octobre 1856.

J'ai l'honneur de vous faire parvenir le dossier relatif à la reconstruction d'une partie de notre église.

M. Leroy s'est conformé aux observations contenues dans votre rapport.

Je crois, Monsieur, devoir vous faire remarquer qu' Estaires est une commune qui a peu de ressources et qui est divisée en deux paroisses, l'église de Moulien a presque entièrement été reconstruite en 1850 & 1851 à l'aide de subventions fournies par les habitants.

L'Eglise d'Estaires est encore telle que la Révolution de 93 l'a faite, son architecte ne permettrait pas même d'y faire des améliorations qui eussent été en pure perte. La commune n'a rien demandé pour cet objet ni à l'État ni au département et la subvention offerte par la fabrique ne sera que le produit des souscriptions recueillies près des personnes de bonne volonté).

Je viens donc vous prier de prendre ces motifs en considération et de donner un avis favorable à la demande du Conseil Municipal de la ville d'Estaires.

(signé) Le Maire d'Estaires.

Puis, en même temps qu'il travaille et intrigue auprès de l'archevêché, afin d'obtenir un blanc-seing, une adhésion complète à ses plans, le Maire manœuvre habilement du côté de la Sous-préfecture et fait agir tous les arguments pour décider l'administration supérieure à entrer dans ses vues, de façon à obtenir conjointement l'appui laïque & religieux, et une fois appuyé sur ces deux robustes pilliers de mettre à l'œuvre. Faut-il le suivre à travers ce travail tenace d'intrigues, de calculs, de ruses, et la plume à la main mettre un démenti là où il affirme, le prendre en flagrant délit d'erreur involontaire ou calculée ? Ce soin là est parfaitement inutile, laissons la parole aux documents, plaçons avec un soin scrupuleux le dossier sous les yeux de nos lecteurs, et preuves en mains, quand tout le monde aura lu, nous condamnerons d'après ce réquisitoire édifié par l'historique des faits, avec la sincérité impartiale qu'il commande. Ce serait affaiblir notre raisonnement, diminuer notre argumentation et la lumineuse vérité de notre cause que de paraphraser les pièces du débat. Mieux vaut laisser établir par les faits eux-mêmes par leur marche comment le Maire a entraîné à sa suite le Conseil Municipal, l'a compromis malgré lui, a voulu en faire le complice de ses agissements extra-légaux, comment, pour servir des intérêts personnels, il a impudemment réussi à tromper et les Conseillers Municipaux & l'Administration dans tous ses degrés et finalement abouti, sous prétexte de réparations urgentes, à jeter bas notre vieille église, à faire prévaloir une place et des devis quadruples par leurs proportions et leur élévation à ceux primitivement présentés et adoptés, comment il est parvenu à remplacer un monument cher à tout le monde, par un autre tout neuf, avec un emplacement plus considérable, dont l'achèvement finira de ruiner la commune, comment enfin, dès le début, il avait en poche un plan inédit, s'harmonisant avec la tour de l'ex église, seul vestige de l'ancienne, resté debout et prouvant clair comme la lumière du jour qu'il avait décidé de démolir là où il sollicitait de réparer, de dépenser triple là où il demandait une subvention en rapport avec les besoins du budget communal.

Estaires, 23 Juillet 1856.

Monsieur le Sous-Préfet,

J'ai l'honneur de vous adresser :

1°. Le devis estimatif des travaux d'entretien à exécuter à la Tour de l'Église.

2°. Copie de la délibération du Conseil Municipal qui approuve les travaux et indique les ressources à l'aide desquelles il sera fait face à la dépense.

Je vous prie de vouloir bien solliciter l'approbation de Monsieur le Préfet.

Agréez, etc...

Pièces à joindre au :
Budget supplémentaire de 1856.

Estaires, 28 Juillet 1856.

Monsieur le Sous-Préfet,

Par votre honorée du 26 Juillet,

Vous m'informez que Monseigneur l'Archevêque a émis l'opinion qu'il y a lieu d'ajourner la demande faite par la ville d'Estaires pour la restauration de l'Église.

J'ai l'honneur de vous prier, Monsieur le Sous-Préfet de vouloir bien avoir l'obligeance de me faire obtenir la remise de toutes les pièces qui composaient ce dossier.

---

5 Avril 1856.

Monsieur l'Architecte,

J'ai l'honneur de vous adresser les deux expéditions du devis des Travaux pour la restauration d'une partie de l'Église d'Estaires.

Je joins une copie du rapport de l'architecte Diocésain.

Je vous prie de vouloir bien accepter le devis conformément aux observations indiquées dans le rapport.

Agréez, M...... etc ... signé le Maire.

Lille, le 12 Décembre 1855.

Monsieur le Maire,

J'ai l'honneur de vous remettre ainsi que vous l'avez demandé les plans et devis en double expédition.

Agréez, etc ......

(Signé) Leroy.

Hazebrouck, 12 Nov. 1855

Monsieur le Maire,

J'ai l'honneur de vous adresser ci-joint en double expédition le devis des travaux des réparations à exécuter à la tour de l'Église de votre ville.

L'Architecte du Département,
(Signé) Desjardins.

Séance du 11 Février 1858.

M. le Maire donne lecture d'une lettre du Sous-Préfet, annonçant que M. le Ministre accorde F? 3.000 pour aider à restaurer l'Église.

Le Conseil ayant voté un emprunt de 12.000
La Fabrique donnant 23.000
Le Gouvernement un secours de 3.000
Il existe un déficit de 4.337

Que l'on comblera avec les ressources ordinaires

F? 42.337

Samedi, 13 Mars 1858.

Adjudication des Travaux à M. Pollet pour 42.337f 69f

Lettre d'Invitation de M. le Maire à plusieurs Conseillers Municipaux.

Estaires, 8 Mars 1858.

M.

J'ai l'honneur de vous inviter à vouloir bien assister à l'adjudication des travaux pour la restauration de l'Église qui aura lieu le Samedi 13 Mars 1858 à deux heures de l'après-midi dans une des salles de la Mairie d'Estaires.

Agréez, etc...

(Signé): Le Maire.

Hazebrouck, 23 Mars 1858.

Monsieur le Maire,

J'ai reçu avec votre lettre du 26 février une délibération en date du 11 février par laquelle le Conseil Municipal d'Estaires a voté les moyens de pourvoir au déficit de 4.337 f existant dans les ressources applicables aux travaux de restauration de l'Église de cette ville.

Le Conseil Municipal affecte à cette dépense :

1°. Un crédit de F? 1801. porté au budget supplémentaire pour réparations des toitures de l'Église.

F?..1801. „

2°. Des crédits à porter successivement aux budgets de 1859, 1860 & 1861 jusqu'à concurrence de F?...2.636. 69

F?......4.337. 69

Monsieur le Préfet à qui j'ai transmis cette délibération m'annonce qu'il approuve les propositions précitées.

Je vous invite à tenir la main à ce qu'elles reçoivent leur effet.

Agréez, etc......
Signé par M. le Sous-Préfet.

Séance du 25 Mars 1858.

Document important. Lettre de M. Ledieu.

Monsieur le Maire communique une lettre d'un Conseiller Municipal faisant ressortir la dépense considérable dans laquelle on va s'engager, le peu d'utilité des travaux au point de vue matériel et même sous le rapport de l'intérêt religieux.

Délibération.

« Considérant que la partie des travaux adjugés est complète,
« et que si le reste de l'édifice exige plus tard de nou-
« veaux travaux, la Commune n'a contracté à cet égard
« aucun engagement.

Séance de Novembre 1856.

La Fabrique offre 6,000 fr., produit des quêtes.

Les Travaux exécutés s'élevant à 40,000 francs et la somme portée au Budget communal étant insuffisante pour payer les 4/5 de la dépense, la Fabrique offre 6,000 fr. pour aider la ville à payer l'Entrepreneur et hâter l'achèvement des Travaux.

Le Conseil accepte et invite le Préfet à ouvrir un nouveau crédit de 6,000 fr. pour subvenir au paiement des sommes qui seraient dues à l'adjudication.

Hazebrouck, le 9 Août 1858.

Monsieur le Maire,

J'ai transmis à Monsieur le Préfet la délibération par laquelle le Conseil Municipal d'Estaires sollicite l'allocation de secours supplémentaires du Département et de l'État pour le paiement des travaux de restauration de l'Église dont les dépenses ont excédé les prévisions.

Quelque soit l'intérêt qui puisse s'attacher à cette demande, me répond Mr. le Préfet, il n'y a rien à espérer du Département qui n'accorde de secours que pour les reconstructions complètes d'Église.

Quand à l'État, on ne pourrait soumettre la proposition à M. le Ministre des Cultes qu'après que la demande aura été instruite, c'est-à-dire après la production d'un décompte général des travaux indiquant la dépense totale, les ressources qui y ont été affectées et le déficit restant à couvrir. Ce décompte sera appuyé d'un rapport de l'architecte sur les causes qui ont donné lieu de dépasser le chiffre du devis approuvé.

Vous y joindrez votre avis.

Brouillon du Certificat du Maire.

Nous, Maire de la ville d'Estaires, certifions que les Travaux pour la reconstruction de l'Église sont en cours d'exécution depuis le mois d'Avril 1858, et qu'il a été payé à l'Entrepreneur une somme de 35,000 francs à valoir sur les dits travaux.

Estaires, le 10 Mars 1859,
(Signé) Le Maire.

Séance extraordinaire du 6 Octobre 1859.

Dans les plus hauts imposés.

M. le Maire expose que suivant un procès-verbal de réception arrêté provisoirement entre l'architecte et l'entrepreneur des travaux de l'église à la date du 19 Septembre dernier, le montant des travaux exécutés s'élevait à cette époque à F..
En qu'il était dû à l'architecte...........................

Total de la dépense..................

Que le Conseil a voté le 11 février 1868 ...... 42,337ᶠ 69ᶜ
— — le 25 Mars suivant .. 4.657. 14
— — le 10 Novembre ...... 6.000 . .
                                            ─────────
                                    Fᵗ ... 52,994ᶠ 83
Total de la dépense 74.610. 01
                                            ─────────
Ce qui présente un déficit de 21. 615. 18
                                            ═════════

et qu'il s'agit de pourvoir au paiement des 4/5 de la dépense et au paiement du dernier cinquième à l'expiration de l'année de garantie imposée à l'Entrepreneur.

Le Conseil considérant que les travaux ont été bien exécutés et que l'Architecte s'est conformé pour le règlement des prix aux conditions du devis et de l'adjudication en date du 13 Mars 1855, approuve le procès-verbal de réception provisoire s'élevant à 71,057 fr. 16ᶜ pour les travaux dûs à l'entrepreneur et à 3,552 fr. 85ᶜ pour les remises de l'architecte.

Attendu néanmoins que l'élévation de la dépense est due à des causes imprévues, que le mauvais état des murailles et des fondations qui devaient être conservées en partie a entraîné la commune à la reconstruction totale de la partie de l'édifice qu'il s'agissait de régulariser, qu'il était d'ailleurs urgent de continuer les travaux et que la commune ne saurait suffire à payer par elle-même la dépense considérable qu'a entraînée la reconstruction devenue indispensable.

Attendu les votes déjà importants qui élèvent la subvention offerte par la commune à 52,994.fr. 83ᶜ

Que toutes ces sommes proviennent des ressources communales à la seule exception d'une somme de 3.000 francs accordée par l'État en vue d'une dépense de simple restauration dont les devis s'élevaient primitivement à fᵗ 48,337. 69ᶜ

Que la Commune a réellement reconstruit une portion considérable de l'édifice et que la somme dépensée s'élève à Fr. 74.610.01.

Le Conseil estime qu'il y a lieu de demander à l'État une nouvelle subvention de 21.615 f. 18 c. égale au déficit constaté par le cubage des travaux.

Cette somme et celle déjà obtenue, représentent à peine le tiers de la dépense totale.

Lettre d'un Contrôleur des Contributions directes.

Lille, le 7 Mai 1859.

Monsieur le Maire,

Je vous prie de vouloir bien me faire savoir si l'adjudication faite au sieur Pollet de Premecques fixe la durée des travaux de reconstruction de l'église d'Estaires et quel est le délai qui lui est assigné.

Je vous serai très obligé de me transmettre ce renseignement aussitôt qu'il vous sera possible.

(Signé)
Le Contr. des Contons directes.

Réponse :

Lettre à méditer.

Les travaux entrepris par M. Pollet et qui devaient être terminés le 1er Novembre 1858 ainsi que cela résulte de l'adjudication du 13 Mars, même année, ont été complètement achevés.

Pollet continue en ce moment quelques travaux qui lui ont été demandés par la fabrique.

(Signé :)
Le Maire.

Lettre du Sous-Préfet.

Hazebrouck, 22 Octobre 1859.

Monsieur le Maire,

J'ai transmis à M. le Préfet, le procès-verbal de réception provisoire des travaux de restauration de l'Église d'Estaires, duquel il résulte que la dépense de ces travaux évaluée par le Devis estimatif à la somme de 42,337 fr. 69 c. s'est élevée à celle de 74,010 fr. 01 c.

Le Conseil Municipal établit dans une délibération du 6 de ce mois que les ressources réunies pour faire face à cette dépense ont atteint le chiffre de 52,995 fr., de sorte qu'il reste à couvrir un déficit de 21,015 fr. pour lequel le Conseil sollicite un nouveau secours de l'État. Cette demande de secours, m'écrit Monsieur le Préfet, a fort peu de chances de succès.

Attendu que les instructions du Ministre des Cultes ne permettent de subvention que pour les projets à exécuter et non pour ceux réalisés. Il serait nécessaire d'ailleurs pour rendre possible le contrôle de M. l'Architecte Diocésain de produire avec tous les plans à l'appui, un Devis complet présentant l'ensemble et les détails de tous les travaux à exécuter.

Je vous prie de me transmettre ce travail.

(Signé) :
Le Sous-Préfet.

Séance de Novembre 1859.

Le Conseil révisant la délibération en date du Six Octobre 1859, déclare qu'il ne donnera actuellement aucune suite à la demande qu'il avait faite à l'État pour l'aider à solder les dépenses de reconstruction de l'Église.

(Autre Séance de Novembre 1859.)

Le Maire donne lecture d'une lettre du Conseil de fabrique de l'Église d'Estaires réclamant de la commune une subvention de 32,000 francs pour l'achèvement des trois nefs de l'Église.

Le Conseil décide que cette demande sera examinée lors de la première réunion.

Session de Février 1860.

Le Maire expose que suivant un procès-verbal de réception définitive en date du 31 Janvier dernier, les travaux de l'église d'Estaires adjugés au sieur Potter le 13 Mars 1858 se sont élevés à Fⁱˢ 75,269 10

Honoraires dus à l'architecte 3,763 45

Total 79,022 55

Que le Conseil a voté le 11 Février 1858 .. 42,337 60
le 25 Mars suivant 4,657 14
et le 10 Novembre 1858 .... 6,000 „

Total des fonds disponibles 52,994 83

Que par une délibération en date du 9 de ce mois, la Fabrique a voté un nouveau subside de 26,037 72

Total égal 79,032 55

Le Conseil, considérant que les travaux ont été bien exécutés et que l'architecte s'est conformé pour le règlement des prix aux conditions du devis et de l'adjudication du 13 Mars 1858, que l'élévation de la dépense tient à des causes imprévues et notamment au mauvais état des maçonneries, qu'il a été impossible de conserver, que la continuation des travaux était urgente et qu'au surplus la fabrique offre de couvrir la dépense, approuve le procès-verbal de réception définitive et déclare qu'il y a lieu de payer immédiatement à l'Entrepreneur les 4/5 des travaux et le dernier cinquième à l'expiration de l'année de garantie imposée au S.r Pollet, adjudicataire des Travaux.

Il déclare accepter l'offre faite par la fabrique d'un subside de 26,037 f. 72 c. qui sera versé dans la Caisse Communale au fur et à mesure des paiements qui seront faits à l'Entrepreneur et après l'approbation du compte des travaux par l'autorité supérieure.

Le Conseil invite Monsieur le Préfet à ouvrir au budget communal un crédit de pareille somme de 26,037 fr. 72 c. et à autoriser le receveur municipal à en faire la dépense conformément à la présente délibération.

Même séance.

M. le Maire rappelle au Conseil la lettre qui lui a été adressée par le Conseil de Fabrique de l'Église d'Estaires relativement à la reconstruction de l'Église.

Le Conseil frappé de l'état de vétusté de cet édifice qui ne saurait être réparé ;

Considérant d'ailleurs que le mauvais état des murailles et des fondations rend impossible toute espèce d'amélioration que le niveau trop peu élevé du sol de l'Église la rend humide et l'entretient dans un état constant d'insalubrité, décide que les fonds qui étaient destinés à la réparer seront appliqués à sa reconstruction totale et approuve les plans et devis dressés par M. Leroy, architecte à la date du 15 Janvier 1860, lesquels s'élèvent à la somme de 150,000 francs.

Le Conseil déclare appliquer à cette dépense les fonds qu'il a votés dans les séances des 11 février, 25 Mars et 10 Novembre 1858, s'élevant à 52,994 fr. 83 c.

2°. — Une somme de 26,037 fr. 72 c. offerte par la Fabrique.

3°. — 32,000 francs qu'il vote actuellement et qui seront réalisés.

Séance du 1er Mars 1860.

(Conseillers en plus hauts imposés).

M. le Maire expose que par une délibération en date du 10 février 1860, le Conseil Municipal a voté la reconstruction de l'Église d'Estaires et qu'il affecte à cette dépense :

1°. Les fonds votés dans les séances des 11, 25 & 10 Novembre 1858, s'élevant à (11 Février, 25 Mars et 10 Novembre)
F.° 52,994.83

2°. Une somme de 26,037 f. 70 c. offerte par la Fabrique et acceptée par le Conseil, F.° 26,037.70

3°. 32,000 fr. qu'il a votés dans sa séance du 10 Février et qui doivent être réalisés au moyen d'un emprunt, F.° .... 32,000. .

4°. 38,967 f. 47 c. demandés au Département à titre de subside, F.° 38,967.47

Total égal au chiffre du devis ...... 150,000. .

L'Assemblée

L'Assemblée, après une discussion et un examen approfondis :

Considérant que l'état de l'édifice rend une reconstruction indispensable, que le mauvais état des murailles et des fondations rend toute réparation impossible, que c'est d'ailleurs l'unique moyen d'assainir l'Église dont le sol doit être exhaussé ;

Que le Conseil municipal propose d'acquitter les intérêts de l'emprunt sur les ressources ordinaires et d'amortir le capital au moyen de la continuation de l'impôt de 0f.20c. qui grève les contribuables, adoptant au surplus les motifs qui ont déterminé le Conseil.

L'Assemblée à l'unanimité moins une voix, décide que concurremment avec les ressources indiquées dans la Délibération précitée, il sera pourvu à la reconstruction de l'église d'Estaires au moyen d'un emprunt de 32,000 fr. qui sera réalisé le plus tôt possible avec publicité et concurrence.

Que les intérêts de cet emprunt seront acquittés sur le Budget ordinaire et capital remboursable en quatre annuités par 8.000 fr.

Pour amortissement, vote, 0f.20c. additionnels.

Approuve plans et devis Leroy, montant à 150.000 fr.

Séance de Mai 1860.

Par où l'on voit que ce qui devait aller au fossé de ville s'en va à l'Église

Conformément à l'avis du Maire et de la Commission, le Conseil est d'avis de payer à l'Entrepreneur de l'Église, une somme de 7.806 fr. 51c. à valoir sur les travaux, ce qui évitera tout paiement d'intérêt ; pour arriver à cette fin, il approuve les travaux du fossé de ville dont le crédit sera reporté sur les exercices 1862 & 1863, il ressort en effet de la situation financière de la commune que le paiement de ces deux entreprises ne saurait être porté à la fois aux dépenses du budget actuel.

La commune ne pourra d'ailleurs s'occuper utilement

l'exécution de ce projet qu'après avoir traité avec les propriétaires compris dans le tracé, les frais d'une expropriation immédiate absorberaient à eux seuls la plus grande partie des ressources affectées au projet et les obstacles qui existent de ce côté peuvent cesser avant peu de temps.

Séance du 21 Octobre 1861.

M. le Maire expose que le projet de reconstruction de l'église a été ajourné parce que les ressources votées par le Conseil Municipal dans sa séance du 1ᵉʳ Mars 1860 n'ont pu jusqu'ici être réalisées, que le Conseil avait demandé à l'État une subvention de 35,967 fr. 45 et au Département un secours de 3,000 fr., ensemble 38,967 f 45, qu'il n'y a pas lieu d'espérer sur les fonds départementaux, mais que par la décision du 15 Août 1861, M. le Ministre de l'Instruction publique & des Cultes a accordé à la Commune un secours de 15,000 fr., et que la Fabrique, par une délibération en date du 20 de ce mois a voté une somme de 23,967 f 45 qui avec les ressources réalisées complète le chiffre du devis s'élevant à 150,000 francs. Il donne à l'Assemblée lecture de la délibération du Conseil de fabrique dont une expédition reste exposée sur le bureau.

Le Conseil,

Ouï l'exposé qui précède,

Considérant que la Fabrique d'Estaires a voté une somme de 23,967 f 45ᶜ ;

Considérant que suivant les délibérations du Conseil Municipal en date des 10 février et 1ᵉʳ Mars 1860, les ressources réalisées antérieurement à ce jour se composent :

1ᵒ de fonds disponibles, soit Fᵉ 111,032.55

 et Réserve 111,032.65

Report 111,032.55
2°. D'une subvention de 15,000 francs attribuée
à la Commune par le décret du 15 Août .... 15,000. .
3°. Aff. de la Fabrique 23,967. 45
                                        —————
                           Total ...... 150,000. .

Considérant que le chiffre du projet est entièrement couvert, qu'il s'agit aujourd'hui de réaliser l'emprunt des 32,000 fr., voté par le Conseil et les plus hauts imposés dans la séance du 1er Mars 1860.

Que les réserves exprimées dans la délibération du Conseil de fabrique sont de toute justice puisque les travaux qu'elle a fait exécuter, notamment pour la reconstruction de la sacristie sont conformes au plan et que les travaux qui viennent en déduction du projet total seront soumis à l'examen de l'architecte et à l'approbation du Conseil Municipal.

Le Conseil à l'unanimité, moins une voix, accepte le vote de 23,967 f 45 c émis par la Fabrique dans la séance du 20 Octobre 1861 et invite M. le Maire à demander l'autorisation d'emprunter les 32,000 francs.

Au moyen d'un emprunt dont les conditions seront réglées ultérieurement :

4° Il sollicite du Gouvernement un subside de
Fr. 35,967. 45
5° Du Département . . . . 3,000. –

Ensemble fr . . . . 150,000. –

Le Conseil compte sur la haute bienveillance du Gouvernement qui a déjà implicitement approuvé le projet et qui pour une dépense de restauration a accordé à la commune un premier secours de 3,000 francs.

Le Conseil décide que les intérêts en seront acquittés sur les ressources ordinaires et pour le remboursement du capital, il vote la continuation de 0 fr. 20 additionnels aux 4 contribut. pendant quatre années, 1866, 1867, 1868 & 1869. Cet impôt à raison de 8,000 fr. chaque année donne un chiffre égal à 32,000 fr.

Il espère que l'autorité supérieure voudra bien prendre en considération les sacrifices importants déjà faits par la ville qui malgré la nécessité de pourvoir par de nouveaux votes à la reconstruction de son hospice et de son collège, vient de s'imposer par ce seul projet une contribution de 32,000 fr. etc.

Séance extraordinaire du 18 Novembre 1861.
(Plus hauts imposés).
Les ressources affectées au projet se composent de :
1° Votés par Conseil Municipal, 11 février, 25 Mars, 10 Novembre 1858 et 10 février 1860 . . . . . . 79,032. 65
2° Emprunt voté 1er Mars 1860 . . . . 32,000. –
3° Subvention du Gouvernement . . . . 15,000. –
4° Fabrique 23,967. 45
Ensemble Fr . . . 150,000. –

2 Avril 1863.

On vote la démolition de la maison Constable pour établir le transept.

Août 1864.

Autorisation de vendre 47 ares 58 cent. de verger venant de Rider Walbrou 5" 2,300 pour l'église.

---

27 Mars 1862.

Procès-verbal d'adjudication pour la seconde partie de l'église de la tour au transept.

Nota.

Le devis entier et régulier de M. Leroy n'a été fait ou remis que le 26 Novembre 1860 et approuvé par M. le Préfet le 3 Mars 1862.

Que veut-on de plus ? Est-ce assez concluant ? Et de quel nom qualifier pareille conduite d'un Magistrat municipal ? Il a caché la vérité à tout le monde : au contrôleur des contributions directes, au sous-préfet, au Préfet, à l'Archevêque même, berné tout un Conseil Municipal, abusé de sa crédulité et de celle de la commune durant des années entières ; pendant ce temps là grâce à ses dissimulations, il a fait son œuvre souterraine et petit à petit a si bien embrouillé les fils, les consciences, les deniers municipaux et le reste, qu'il est parvenu à entamer la construction d'une cathédrale, là où il ne fallait qu'aéparer utilement une antique église vénérée de tous et suffisant en général aux besoins du culte, il a dépensé 150,000 francs, alors que primitivement une somme de 40,000 fr. quoique très lourde déjà, suffisait amplement aux exigences municipales. Voilà une commune, naguère encore au budjet florissant, grâce à la sagesse économe de ses administrateurs, qui maintenant se trouve écrasée, aérée, ruinée par les fantaisies illégales d'un Maire qui a abusé de sa confiance.

Cette vénérable église que le temps et les tourmentes révolutionnaires avaient respectée, faisait l'ornement d'Estaires, l'orgueil de ses habitants et pas une des six mille âmes de la commune ne trouvait insuffisant, ni trop petit son vaisseau vénéré, sa nef ; pas un habitant s'il eut été consulté, n'aurait consenti à ce que la main profane des démolisseurs, fit disparaître cet antique sanctuaire, témoin de ses plus profondes et intimes émotions.

Il faut bien qu'on le sache, à côté des considérations économiques que nous avons fait valoir, à côté des revendications énergiques que nous élevons en faveur du droit violé, méconnu, de l'administration dupée, d'une commune trompée et ruinée, il est d'autres considérations morales confinant à la fois aux principes de la famille et de la religion qui veulent que nous protestions hautement contre cet acte de vandalisme.

Oui, ce n'est pas impunément qu'on se joue des affections de toute une population, ce n'est pas impunément qu'on met la pioche dans les monuments séculaires objet de respect traditionnel de la part des habitants. Ce n'est pas impunément qu'on détruit de fond en comble sans nécessité impérieuse, la vieille église, le clocher autour duquel s'est groupé la commune, où les premiers nés sont venus s'abriter; où l'aïeul a constamment épanché ses sentiments les plus intimes; où du berceau à la tombe, il a accompli les actes les plus grands de sa vie sociale et religieuse; où nos pères et nos mères se sont mariés, où nous avons reçu le baptême, la communion, reçu le serment de l'épouse et conduit la dépouille des gens aimés. Briser ce vase d'élection, porter sur ce lieu sacré par le souvenir et la foi de nos pères, la main profane d'un édile démolisseur, sans rime ni raison, c'est tout simplement blesser la conscience publique inutilement, porter atteinte à ses sentiments intimes et religieux qui doivent être respectés jusque dans leur susceptibilité naïve. Essayez de lire au fond des consciences du vieillard, de l'épouse, du père, de la jeune fille, de l'enfant qui voit maintenant la place, veuve de son église aimée. Demandez à tous ce qu'ils en pensent, et tous ils vous répondront: C'est une mauvaise action qu'on a commise, une véritable et inutile profanation.

Appendice.

La matière qui nous occupe touche à des intérêts trop délicats pour que nous négligions de recueillir tous les témoignages qui militent en faveur de notre thèse. Or, en présence des faits que nous critiquons, s'il est une argumentation décisive à mettre en relief, c'est celle qui émane de la conduite même de personnages considérables de la commune, morts depuis, malheureusement; et bien ces personnalités d'une honorabilité parfaite ont prouvé hautement par les réprobations de leur conscience leur opposition acharnée, que durant toute cette triste odyssée, elles ont énergiquement décliné toute responsabilité en jouant le rôle de Cassandre, prévoyant bien, hélas! que les manœuvres du maire nous mèneraient à l'abîme.

Se plaçant à deux points de vue différents, ces deux personnalités auxquelles nous faisons allusion, n'en représentaient que mieux les sentiments de la commune entière et en étaient comme l'expression vivante de sa conscience.

D'une part c'était M. Eugène Leclerc, l'un des membres les plus éclairés de notre Conseil Municipal, dont l'âge, l'expérience et la sollicitude qu'il portait aux intérêts de notre commune, donnaient un poids considérable à ses appréciations. Or, quelle a été, pendant toutes ces pratiques ténébreuses, l'opinion de M. Leclerc sur les projets de l'ex-maire ? Il a de son vivant, non seulement protesté à toute heure, contre les idées de ce dernier, prédit la voie néfaste où il allait engager les intérêts de la commune, mais il a manifestement publié son opinion et voyant se réaliser à la lettre ses prédictions, il a, fort de la sanction de sa conscience, maintes fois dit qu'on aurait pu mettre en accusation le magistrat municipal et lui demander compte de sa gestion.

Ce sont là des faits inrécusables, patents, que tout le monde peut attester.

En second lieu, c'était l'honorable M. Ledieu, bien connu pour la ferveur sincère de ses sentiments religieux et dont l'honnêteté était proverbiale. Quelle a été sa conduite en présence de ce gaspillage des deniers municipaux et du quasi-sacrilège qui couronnait l'œuvre de notre édile ? M. Ledieu, dont le dévouement de toute nature aux intérêts religieux se traduisait par des actes permanents, M. Ledieu, dont la bourse, l'activité, l'intelligence étaient acquis à toute œuvre qui avait pour but de favoriser nos institutions catholiques, indigné de ce vandalisme, de ces ruses municipales qui trompaient tout le monde, et la commune, et le département, et la loi, ne s'était pas contenté de protester par ses actes, il avait infligé un stigmate indélébile à cette administration dictatoriale dans une lettre mémorable ; cette lettre, véritable aveu d'une conscience indignée, nous en avons cherché partout la trace dans les archives de la mairie ; on a eu soin de la faire disparaître, son poids étant trop accablant pour nos édiles, mais elle est fort heureusement restée gravée dans la mémoire de tous, et si ses traces matérielles ont disparu, en revanche les intéressés à sa disparition se garderaient bien d'en contester l'existence, la commune entière étant là pour attester son authenticité. D'ailleurs M. Ledieu, logique jusqu'au bout, refusait d'honorer de sa présence, dans ses pratiques religieuses quotidiennes, le sanctuaire nouveau qui avait succédé à l'ancien, et affirmait ainsi, chaque jour, le ressentiment profond qu'il éprouvait contre les lâches maladroits des intérêts de la commune.

Ainsi donc, voilà deux hommes considérables, l'un

« plaçants purement au point de vue des questions administratives ou légales, M. Leclerc, l'autre se dressant debout dans toute la hauteur de ses sentiments religieux, profondément frappés, qui, tous les deux, aux extrémités opposées, se rencontraient dans un sentiment commun de justice et de conscience pour flageller la conduite du maire. Cela nous suffit, la commune édifiée désormais sur le compte de ses anciens administrateurs saura bien reconnaître enfin où sont les défenseurs de ses vrais intérêts moraux et matériels.

---

www.ingramcontent.com/pod-product-compliance
Lightning Source LLC
Chambersburg PA
CBHW070446080426
42451CB00025B/1758